Ce carnet appartient à :

Index de mes Projets

NOTATION	NOM DU PROJET	PAGE N°
☆☆☆☆☆		
☆☆☆☆☆		
☆☆☆☆☆		
☆☆☆☆☆		
☆☆☆☆☆		
☆☆☆☆☆		
☆☆☆☆☆		
☆☆☆☆☆		
☆☆☆☆☆		
☆☆☆☆☆		
☆☆☆☆☆		
☆☆☆☆☆		
☆☆☆☆☆		
☆☆☆☆☆		
☆☆☆☆☆		
☆☆☆☆☆		
☆☆☆☆☆		
☆☆☆☆☆		
☆☆☆☆☆		
☆☆☆☆☆		
☆☆☆☆☆		
☆☆☆☆☆		
☆☆☆☆☆		

Index de mes Projets

NOTATION	NOM DU PROJET	PAGE N°
☆☆☆☆☆		
☆☆☆☆☆		
☆☆☆☆☆		
☆☆☆☆☆		
☆☆☆☆☆		
☆☆☆☆☆		
☆☆☆☆☆		
☆☆☆☆☆		
☆☆☆☆☆		
☆☆☆☆☆		
☆☆☆☆☆		
☆☆☆☆☆		
☆☆☆☆☆		
☆☆☆☆☆		
☆☆☆☆☆		
☆☆☆☆☆		
☆☆☆☆☆		
☆☆☆☆☆		
☆☆☆☆☆		
☆☆☆☆☆		
☆☆☆☆☆		
☆☆☆☆☆		
☆☆☆☆☆		

Index de mes Projets

NOTATION	NOM DU PROJET	PAGE N°
☆☆☆☆☆		
☆☆☆☆☆		
☆☆☆☆☆		
☆☆☆☆☆		
☆☆☆☆☆		
☆☆☆☆☆		
☆☆☆☆☆		
☆☆☆☆☆		
☆☆☆☆☆		
☆☆☆☆☆		
☆☆☆☆☆		
☆☆☆☆☆		
☆☆☆☆☆		
☆☆☆☆☆		
☆☆☆☆☆		
☆☆☆☆☆		
☆☆☆☆☆		
☆☆☆☆☆		
☆☆☆☆☆		
☆☆☆☆☆		
☆☆☆☆☆		
☆☆☆☆☆		
☆☆☆☆☆		

Projet N°: ----------

NOM DU PROJET : _____

DATE DE DÉBUT : _____ / _____ / _____

DATE DE FIN : _____ / _____ / _____

NB D'HEURES : _____

DIMENSION : _____

PRIX : _____ €

CROQUIS :

MATÉRIEL & FORME

FORMES	QTÉ	BANDES NÉCESSAIRES			AUTRES ACCESSOIRES
		COULEUR	LARGEUR	RÉFÉRENCE	

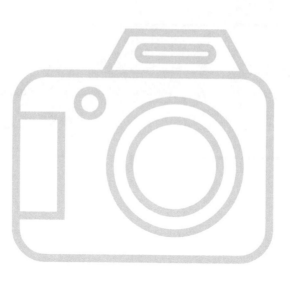

NIVEAU DE DIFFICULTÉ

DÉBUTANT ① ② ③ ④ ⑤ ⑥ ⑦ ⑧ ⑨ ⑩ **DIFFICILE**

OBSERVATIONS

Projet N° : ----------

NOM DU PROJET : _____

DATE DE DÉBUT : _____ / _____ / _____

DATE DE FIN : _____ / _____ / _____

NB D'HEURES : _____

DIMENSION : _____

PRIX : _____ €

CROQUIS :

MATÉRIEL & FORME

FORMES	QTÉ	BANDES NÉCESSAIRES			AUTRES ACCESSOIRES
		COULEUR	LARGEUR	RÉFÉRENCE	

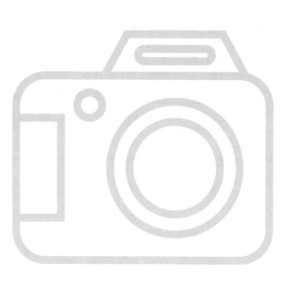

NIVEAU DE DIFFICULTÉ

DÉBUTANT ① ② ③ ④ ⑤ ⑥ ⑦ ⑧ ⑨ ⑩ DIFFICILE

OBSERVATIONS

Projet N°: _____ ----------

NOM DU PROJET : _____

DATE DE DÉBUT : _____ / _____ / _____

DATE DE FIN : _____ / _____ / _____

NB D'HEURES : _____

DIMENSION : _____

PRIX : _____ €

CROQUIS :

MATÉRIEL & FORME		BANDES NÉCESSAIRES			AUTRES ACCESSOIRES
FORMES	OTÉ	COULEUR	LARGEUR	RÉFÉRENCE	

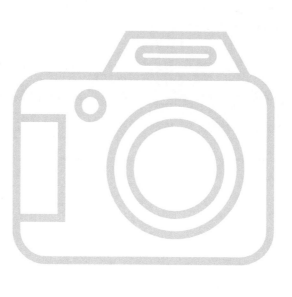

NIVEAU DE DIFFICULTÉ

DÉBUTANT (1)(2)(3)(4)(5)(6)(7)(8)(9)(10) DIFFICILE

OBSERVATIONS

....

....

....

....

....

....

Projet N°: _____

NOM DU PROJET : _____

DATE DE DÉBUT : _____ / _____ / _____

DATE DE FIN : _____ / _____ / _____

NB D'HEURES : _____

DIMENSION : _____

PRIX : _____ €

CROQUIS :

MATÉRIEL & FORME		BANDES NÉCESSAIRES			AUTRES ACCESSOIRES
FORMES	OTÉ	COULEUR	LARGEUR	RÉFÉRENCE	

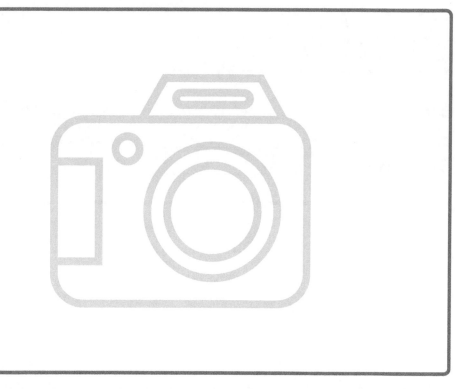

NIVEAU DE DIFFICULTÉ

DÉBUTANT ① ② ③ ④ ⑤ ⑥ ⑦ ⑧ ⑨ ⑩ DIFFICILE

OBSERVATIONS

Projet N°: ----------

NOM DU PROJET : _____

DATE DE DÉBUT : _____ / _____ / _____

DATE DE FIN : _____ / _____ / _____

NB D'HEURES : _____

DIMENSION : _____

PRIX : _____ €

CROQUIS :

MATÉRIEL & FORME

FORMES	QTÉ	BANDES NÉCESSAIRES			AUTRES ACCESSOIRES
		COULEUR	LARGEUR	RÉFÉRENCE	

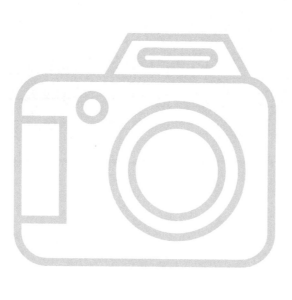

NIVEAU DE DIFFICULTÉ

DÉBUTANT ① ② ③ ④ ⑤ ⑥ ⑦ ⑧ ⑨ ⑩ DIFFICILE

OBSERVATIONS

Projet N° : _____

NOM DU PROJET : _____

DATE DE DÉBUT : _____ / _____ / _____

DATE DE FIN : _____ / _____ / _____

NB D'HEURES : _____

DIMENSION : _____

PRIX : _____ €

CROQUIS :

MATÉRIEL & FORME

FORMES	QTÉ	BANDES NÉCESSAIRES			AUTRES ACCESSOIRES
		COULEUR	LARGEUR	RÉFÉRENCE	

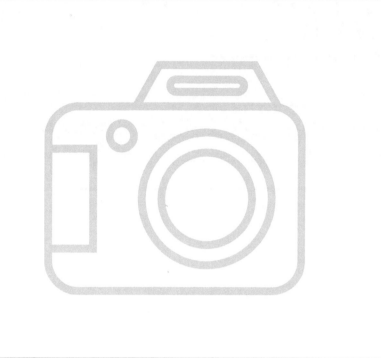

NIVEAU DE DIFFICULTÉ

DÉBUTANT (1)(2)(3)(4)(5)(6)(7)(8)(9)(10) DIFFICILE

OBSERVATIONS

Projet N°: ----------

NOM DU PROJET : _____

DATE DE DÉBUT : _____ / _____ / _____

DATE DE FIN : _____ / _____ / _____

NB D'HEURES : _____

DIMENSION : _____

PRIX : _____ €

CROQUIS :

MATÉRIEL & FORME

FORMES	OTÉ	BANDES NÉCESSAIRES			AUTRES ACCESSOIRES
		COULEUR	LARGEUR	RÉFÉRENCE	

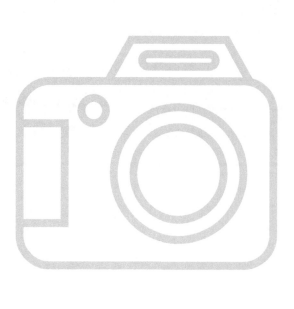

NIVEAU DE DIFFICULTÉ

DÉBUTANT ① ② ③ ④ ⑤ ⑥ ⑦ ⑧ ⑨ ⑩ DIFFICILE

OBSERVATIONS

Projet N°: _____

NOM DU PROJET : _____

DATE DE DÉBUT : _____ / _____ / _____

DATE DE FIN : _____ / _____ / _____

NB D'HEURES : _____

DIMENSION : _____

PRIX : _____ €

CROQUIS :

MATÉRIEL & FORME

FORMES	QTÉ	BANDES NÉCESSAIRES			AUTRES ACCESSOIRES
		COULEUR	LARGEUR	RÉFÉRENCE	

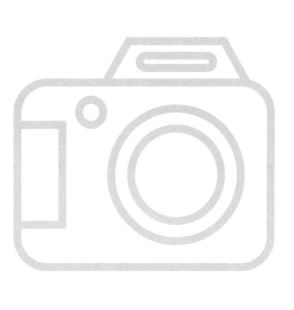

NIVEAU DE DIFFICULTÉ

DÉBUTANT ①②③④⑤⑥⑦⑧⑨⑩ DIFFICILE

OBSERVATIONS

Projet N°: _ _ _ _ _ _ _ _

NOM DU PROJET : _____

DATE DE DÉBUT : _____ / _____ / _____

DATE DE FIN : _____ / _____ / _____

NB D'HEURES : _____

DIMENSION : _____

PRIX : _____ €

CROQUIS :

MATÉRIEL & FORME

FORMES	QTÉ	BANDES NÉCESSAIRES			AUTRES ACCESSOIRES
		COULEUR	LARGEUR	RÉFÉRENCE	

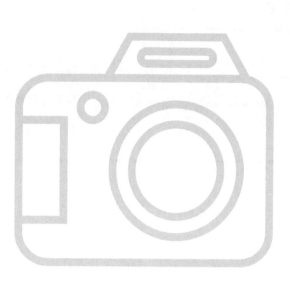

NIVEAU DE DIFFICULTÉ

DÉBUTANT (1)(2)(3)(4)(5)(6)(7)(8)(9)(10) DIFFICILE

OBSERVATIONS

Projet N°:

NOM DU PROJET : _____

DATE DE DÉBUT : _____ / _____ / _____

DATE DE FIN : _____ / _____ / _____

NB D'HEURES : _____

DIMENSION : _____

PRIX : _____ €

CROQUIS :

MATÉRIEL & FORME

FORMES	QTÉ	BANDES NÉCESSAIRES			AUTRES ACCESSOIRES
		COULEUR	LARGEUR	RÉFÉRENCE	

NIVEAU DE DIFFICULTÉ

DÉBUTANT ① ② ③ ④ ⑤ ⑥ ⑦ ⑧ ⑨ ⑩ DIFFICILE

OBSERVATIONS

Projet N°: _____

NOM DU PROJET : _____

DATE DE DÉBUT : _____ / _____ / _____

DATE DE FIN : _____ / _____ / _____

NB D'HEURES : _____

DIMENSION : _____

PRIX : _____ €

CROQUIS :

MATÉRIEL & FORME

FORMES	QTÉ	BANDES NÉCESSAIRES			AUTRES ACCESSOIRES
		COULEUR	LARGEUR	RÉFÉRENCE	

NIVEAU DE DIFFICULTÉ

DÉBUTANT (1)(2)(3)(4)(5)(6)(7)(8)(9)(10) DIFFICILE

OBSERVATIONS

Projet N°: _ _ _ _ _ _ _ _ _

NOM DU PROJET : _____

DATE DE DÉBUT : _____ / _____ / _____

DATE DE FIN : _____ / _____ / _____

NB D'HEURES : _____

DIMENSION : _____

PRIX : _____ €

CROQUIS :

MATÉRIEL & FORME		BANDES NÉCESSAIRES			AUTRES ACCESSOIRES
FORMES	OTÉ	COULEUR	LARGEUR	RÉFÉRENCE	

NIVEAU DE DIFFICULTÉ

DÉBUTANT (1) (2) (3) (4) (5) (6) (7) (8) (9) (10) DIFFICILE

OBSERVATIONS

Projet N°: _____ ----------

NOM DU PROJET : _____

DATE DE DÉBUT : _____ / _____ / _____

DATE DE FIN : _____ / _____ / _____

NB D'HEURES : _____

DIMENSION : _____

PRIX : _____ €

CROQUIS :

MATÉRIEL & FORME		BANDES NÉCESSAIRES			AUTRES ACCESSOIRES
FORMES	QTÉ	COULEUR	LARGEUR	RÉFÉRENCE	

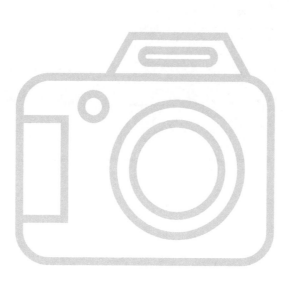

NIVEAU DE DIFFICULTÉ

DÉBUTANT (1) (2) (3) (4) (5) (6) (7) (8) (9) (10) DIFFICILE

OBSERVATIONS

Projet N°: ----------

NOM DU PROJET : _____

DATE DE DÉBUT : _____ / _____ / _____

DATE DE FIN : _____ / _____ / _____

NB D'HEURES : _____

DIMENSION : _____

PRIX : _____ €

CROQUIS :

MATÉRIEL & FORME

FORMES	QTÉ	BANDES NÉCESSAIRES			AUTRES ACCESSOIRES
		COULEUR	LARGEUR	RÉFÉRENCE	

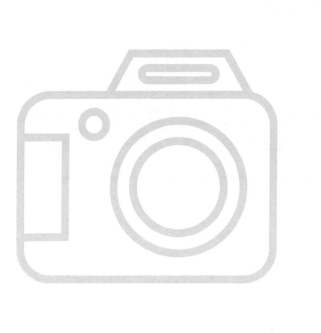

NIVEAU DE DIFFICULTÉ

DÉBUTANT ① ② ③ ④ ⑤ ⑥ ⑦ ⑧ ⑨ ⑩ DIFFICILE

OBSERVATIONS

Projet N°: ----------

NOM DU PROJET : _____

DATE DE DÉBUT : _____ / _____ / _____

DATE DE FIN : _____ / _____ / _____

NB D'HEURES : _____

DIMENSION : _____

PRIX : _____ €

CROQUIS :

MATÉRIEL & FORME

FORMES	QTÉ	BANDES NÉCESSAIRES			AUTRES ACCESSOIRES
		COULEUR	LARGEUR	RÉFÉRENCE	

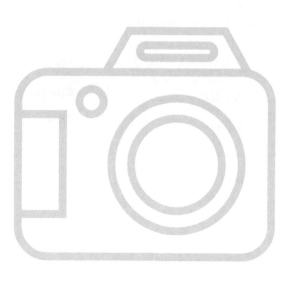

NIVEAU DE DIFFICULTÉ

DÉBUTANT ① ② ③ ④ ⑤ ⑥ ⑦ ⑧ ⑨ ⑩ DIFFICILE

OBSERVATIONS

....

....

....

....

....

....

Projet N°: ----------

NOM DU PROJET : _____

DATE DE DÉBUT : _____ / _____ / _____

DATE DE FIN : _____ / _____ / _____

NB D'HEURES : _____

DIMENSION : _____

PRIX : _____ €

CROQUIS :

MATÉRIEL & FORME

FORMES	QTÉ	BANDES NÉCESSAIRES			AUTRES ACCESSOIRES
		COULEUR	LARGEUR	RÉFÉRENCE	

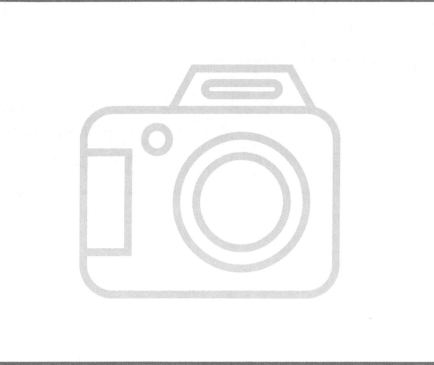

NIVEAU DE DIFFICULTÉ

DÉBUTANT (1)(2)(3)(4)(5)(6)(7)(8)(9)(10) DIFFICILE

OBSERVATIONS

Projet N°:

NOM DU PROJET : _____

DATE DE DÉBUT : _____ / _____ / _____

DATE DE FIN : _____ / _____ / _____

NB D'HEURES : _____

DIMENSION : _____

PRIX : _____ €

CROQUIS :

MATÉRIEL & FORME		BANDES NÉCESSAIRES			AUTRES ACCESSOIRES
FORMES	QTÉ	COULEUR	LARGEUR	RÉFÉRENCE	

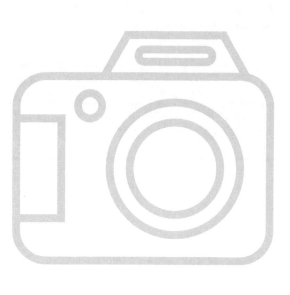

NIVEAU DE DIFFICULTÉ

DÉBUTANT ① ② ③ ④ ⑤ ⑥ ⑦ ⑧ ⑨ ⑩ DIFFICILE

OBSERVATIONS

Projet N° : ----------

NOM DU PROJET : _____

DATE DE DÉBUT : _____ / _____ / _____

DATE DE FIN : _____ / _____ / _____

NB D'HEURES : _____

DIMENSION : _____

PRIX : _____ €

CROQUIS :

MATÉRIEL & FORME

FORMES	QTÉ	BANDES NÉCESSAIRES			AUTRES ACCESSOIRES
		COULEUR	LARGEUR	RÉFÉRENCE	

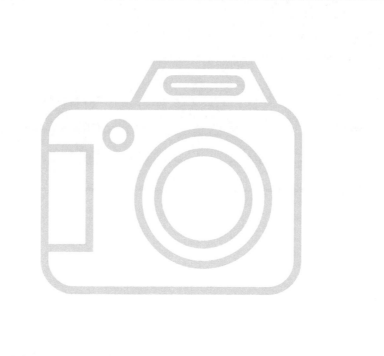

NIVEAU DE DIFFICULTÉ

DÉBUTANT (1)(2)(3)(4)(5)(6)(7)(8)(9)(10) DIFFICILE

OBSERVATIONS

Projet N°: ----------

NOM DU PROJET : _____

DATE DE DÉBUT : _____ / _____ / _____

DATE DE FIN : _____ / _____ / _____

NB D'HEURES : _____

DIMENSION : _____

PRIX : _____ €

CROQUIS :

MATÉRIEL & FORME

FORMES	QTÉ	BANDES NÉCESSAIRES			AUTRES ACCESSOIRES
		COULEUR	LARGEUR	RÉFÉRENCE	

NIVEAU DE DIFFICULTÉ

DÉBUTANT ① ② ③ ④ ⑤ ⑥ ⑦ ⑧ ⑨ ⑩ DIFFICILE

OBSERVATIONS

Projet N°: _____ - - - - - - - - -

NOM DU PROJET : _____

DATE DE DÉBUT : _____ / _____ / _____

DATE DE FIN : _____ / _____ / _____

NB D'HEURES : _____

DIMENSION : _____

PRIX : _____ €

CROQUIS :

MATÉRIEL & FORME		BANDES NÉCESSAIRES			AUTRES ACCESSOIRES
FORMES	QTÉ	COULEUR	LARGEUR	RÉFÉRENCE	

NIVEAU DE DIFFICULTÉ

DÉBUTANT (1)(2)(3)(4)(5)(6)(7)(8)(9)(10) DIFFICILE

OBSERVATIONS

Projet N°: ----------

NOM DU PROJET : _____

DATE DE DÉBUT : _____ / _____ / _____

DATE DE FIN : _____ / _____ / _____

NB D'HEURES : _____

DIMENSION : _____

PRIX : _____ €

CROQUIS :

MATÉRIEL & FORME		BANDES NÉCESSAIRES			AUTRES ACCESSOIRES
FORMES	QTÉ	COULEUR	LARGEUR	RÉFÉRENCE	

NIVEAU DE DIFFICULTÉ

DÉBUTANT ①②③④⑤⑥⑦⑧⑨⑩ DIFFICILE

OBSERVATIONS

Projet N°: ____ ____

NOM DU PROJET : _____

DATE DE DÉBUT : _____ / _____ / _____

DATE DE FIN : _____ / _____ / _____

NB D'HEURES : _____

DIMENSION : _____

PRIX : _____ €

CROQUIS :

MATÉRIEL & FORME

FORMES	QTÉ	BANDES NÉCESSAIRES			AUTRES ACCESSOIRES
		COULEUR	LARGEUR	RÉFÉRENCE	

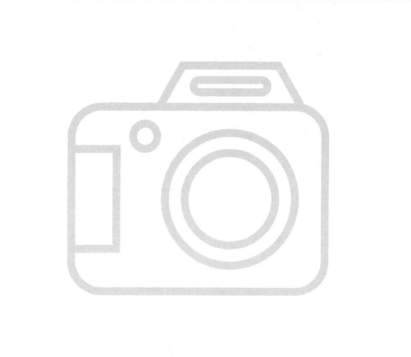

NIVEAU DE DIFFICULTÉ

DÉBUTANT (1)(2)(3)(4)(5)(6)(7)(8)(9)(10) DIFFICILE

OBSERVATIONS

Projet N°: ----------

NOM DU PROJET : _____

DATE DE DÉBUT : _____ / _____ / _____

DATE DE FIN : _____ / _____ / _____

NB D'HEURES : _____

DIMENSION : _____

PRIX : _____ €

CROQUIS :

MATÉRIEL & FORME

FORMES	QTÉ	BANDES NÉCESSAIRES			AUTRES ACCESSOIRES
		COULEUR	LARGEUR	RÉFÉRENCE	

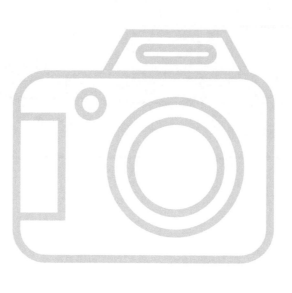

NIVEAU DE DIFFICULTÉ

DÉBUTANT ① ② ③ ④ ⑤ ⑥ ⑦ ⑧ ⑨ ⑩ DIFFICILE

OBSERVATIONS

Projet N°: _____

NOM DU PROJET : _____

DATE DE DÉBUT : _____ / _____ / _____

DATE DE FIN : _____ / _____ / _____

NB D'HEURES : _____

DIMENSION : _____

PRIX : _____ €

CROQUIS :

MATÉRIEL & FORME		BANDES NÉCESSAIRES			AUTRES ACCESSOIRES
FORMES	QTÉ	COULEUR	LARGEUR	RÉFÉRENCE	

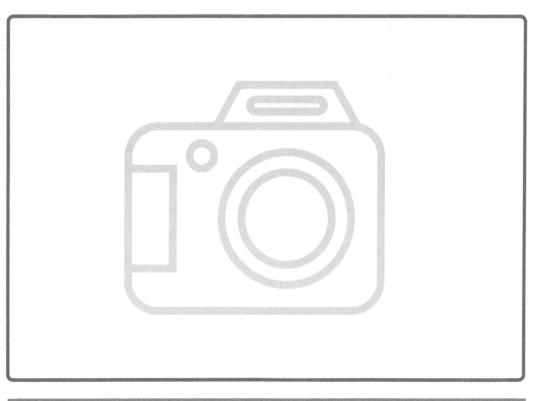

NIVEAU DE DIFFICULTÉ

DÉBUTANT ① ② ③ ④ ⑤ ⑥ ⑦ ⑧ ⑨ ⑩ DIFFICILE

OBSERVATIONS

Projet N°: ----------

NOM DU PROJET : _____

DATE DE DÉBUT : _____ / _____ / _____

DATE DE FIN : _____ / _____ / _____

NB D'HEURES : _____

DIMENSION : _____

PRIX : _____ €

CROQUIS :

MATÉRIEL & FORME		BANDES NÉCESSAIRES			AUTRES ACCESSOIRES
FORMES	OTÉ	COULEUR	LARGEUR	RÉFÉRENCE	

NIVEAU DE DIFFICULTÉ

DÉBUTANT (1)(2)(3)(4)(5)(6)(7)(8)(9)(10) DIFFICILE

OBSERVATIONS

....

....

....

....

....

....

Projet N°: _____

NOM DU PROJET : _____

DATE DE DÉBUT : _____ / _____ / _____

DATE DE FIN : _____ / _____ / _____

NB D'HEURES : _____

DIMENSION : _____

PRIX : _____ €

CROQUIS :

MATÉRIEL & FORME		BANDES NÉCESSAIRES			AUTRES ACCESSOIRES
FORMES	QTÉ	COULEUR	LARGEUR	RÉFÉRENCE	

NIVEAU DE DIFFICULTÉ

DÉBUTANT (1)(2)(3)(4)(5)(6)(7)(8)(9)(10) DIFFICILE

OBSERVATIONS

Projet N°: ----------

NOM DU PROJET : _____

DATE DE DÉBUT : _____ / _____ / _____

DATE DE FIN : _____ / _____ / _____

NB D'HEURES : _____

DIMENSION : _____

PRIX : _____ €

CROQUIS :

MATÉRIEL & FORME

FORMES	QTÉ	BANDES NÉCESSAIRES			AUTRES ACCESSOIRES
		COULEUR	LARGEUR	RÉFÉRENCE	

NIVEAU DE DIFFICULTÉ

DÉBUTANT (1)(2)(3)(4)(5)(6)(7)(8)(9)(10) DIFFICILE

OBSERVATIONS

Projet N°: _ _ _ _ _ _ _ _

NOM DU PROJET : _____

DATE DE DÉBUT : _____ / _____ / _____

DATE DE FIN : _____ / _____ / _____

NB D'HEURES : _____

DIMENSION : _____

PRIX : _____ €

CROQUIS :

MATÉRIEL & FORME		BANDES NÉCESSAIRES			AUTRES ACCESSOIRES
FORMES	QTÉ	COULEUR	LARGEUR	RÉFÉRENCE	

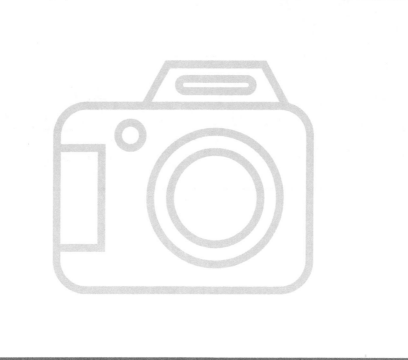

NIVEAU DE DIFFICULTÉ

DÉBUTANT (1)(2)(3)(4)(5)(6)(7)(8)(9)(10) DIFFICILE

OBSERVATIONS

Projet N°: _____ ----------

NOM DU PROJET : _____

DATE DE DÉBUT : _____ / _____ / _____

DATE DE FIN : _____ / _____ / _____

NB D'HEURES : _____

DIMENSION : _____

PRIX : _____ €

CROQUIS :

MATÉRIEL & FORME

FORMES	QTÉ	BANDES NÉCESSAIRES			AUTRES ACCESSOIRES
		COULEUR	LARGEUR	RÉFÉRENCE	

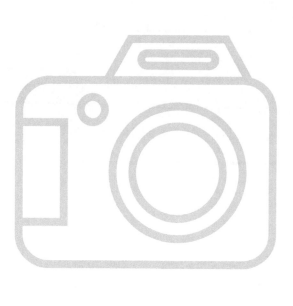

NIVEAU DE DIFFICULTÉ

DÉBUTANT ① ② ③ ④ ⑤ ⑥ ⑦ ⑧ ⑨ ⑩ DIFFICILE

OBSERVATIONS

Projet N°: ----------

NOM DU PROJET : _____

DATE DE DÉBUT : _____ / _____ / _____

DATE DE FIN : _____ / _____ / _____

NB D'HEURES : _____

DIMENSION : _____

PRIX : _____ €

CROQUIS :

MATÉRIEL & FORME

FORMES	QTÉ	BANDES NÉCESSAIRES			AUTRES ACCESSOIRES
		COULEUR	LARGEUR	RÉFÉRENCE	

NIVEAU DE DIFFICULTÉ

DÉBUTANT ① ② ③ ④ ⑤ ⑥ ⑦ ⑧ ⑨ ⑩ DIFFICILE

OBSERVATIONS

Projet N°: _____ ----------

NOM DU PROJET : _____

DATE DE DÉBUT : _____ / _____ / _____

DATE DE FIN : _____ / _____ / _____

NB D'HEURES : _____

DIMENSION : _____

PRIX : _____ €

CROQUIS :

MATÉRIEL & FORME

FORMES	QTÉ	BANDES NÉCESSAIRES			AUTRES ACCESSOIRES
		COULEUR	LARGEUR	RÉFÉRENCE	

NIVEAU DE DIFFICULTÉ

DÉBUTANT ① ② ③ ④ ⑤ ⑥ ⑦ ⑧ ⑨ ⑩ DIFFICILE

OBSERVATIONS

Projet N°: ----------

NOM DU PROJET : _____

DATE DE DÉBUT : _____ / _____ / _____

DATE DE FIN : _____ / _____ / _____

NB D'HEURES : _____

DIMENSION : _____

PRIX : _____ €

CROQUIS :

MATÉRIEL & FORME		BANDES NÉCESSAIRES			AUTRES ACCESSOIRES
FORMES	OTÉ	COULEUR	LARGEUR	RÉFÉRENCE	

NIVEAU DE DIFFICULTÉ

DÉBUTANT (1)(2)(3)(4)(5)(6)(7)(8)(9)(10) DIFFICILE

OBSERVATIONS

....

....

....

....

....

....

....

Projet N°: _____

NOM DU PROJET : _____

DATE DE DÉBUT : _____ / _____ / _____

DATE DE FIN : _____ / _____ / _____

NB D'HEURES : _____

DIMENSION : _____

PRIX : _____ €

CROQUIS :

MATÉRIEL & FORME		BANDES NÉCESSAIRES			AUTRES ACCESSOIRES
FORMES	QTÉ	COULEUR	LARGEUR	RÉFÉRENCE	

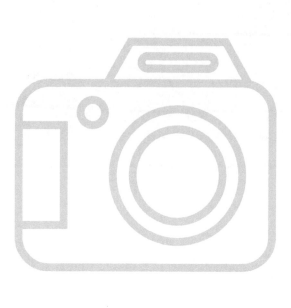

NIVEAU DE DIFFICULTÉ

DÉBUTANT ①②③④⑤⑥⑦⑧⑨⑩ DIFFICILE

OBSERVATIONS

Projet N°: _____

NOM DU PROJET : _____

DATE DE DÉBUT : _____ / _____ / _____

DATE DE FIN : _____ / _____ / _____

NB D'HEURES : _____

DIMENSION : _____

PRIX : _____ **€**

CROQUIS :

MATÉRIEL & FORME

FORMES	QTÉ	BANDES NÉCESSAIRES			AUTRES ACCESSOIRES
		COULEUR	LARGEUR	RÉFÉRENCE	

NIVEAU DE DIFFICULTÉ

DÉBUTANT ① ② ③ ④ ⑤ ⑥ ⑦ ⑧ ⑨ ⑩ DIFFICILE

OBSERVATIONS

Projet N°: ----------

NOM DU PROJET : _____

DATE DE DÉBUT : _____ / _____ / _____

DATE DE FIN : _____ / _____ / _____

NB D'HEURES : _____

DIMENSION : _____

PRIX : _____ €

CROQUIS :

MATÉRIEL & FORME		BANDES NÉCESSAIRES			AUTRES ACCESSOIRES
FORMES	QTÉ	COULEUR	LARGEUR	RÉFÉRENCE	

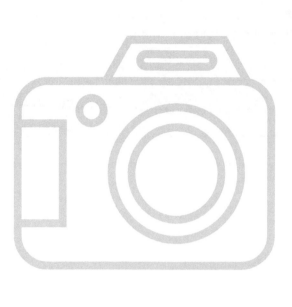

NIVEAU DE DIFFICULTÉ

DÉBUTANT ① ② ③ ④ ⑤ ⑥ ⑦ ⑧ ⑨ ⑩ DIFFICILE

OBSERVATIONS

Projet N°: _____

NOM DU PROJET : _____

DATE DE DÉBUT : _____ / _____ / _____

DATE DE FIN : _____ / _____ / _____

NB D'HEURES : _____

DIMENSION : _____

PRIX : _____ €

CROQUIS :

MATÉRIEL & FORME

| FORMES | QTÉ | BANDES NÉCESSAIRES | | | AUTRES ACCESSOIRES |
		COULEUR	LARGEUR	RÉFÉRENCE	

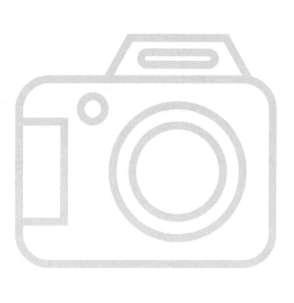

NIVEAU DE DIFFICULTÉ

DÉBUTANT ① ② ③ ④ ⑤ ⑥ ⑦ ⑧ ⑨ ⑩ DIFFICILE

OBSERVATIONS

Projet N°: _ _ _ _ _ _ _ _ _ _

NOM DU PROJET : _____

DATE DE DÉBUT : _____ / _____ / _____

DATE DE FIN : _____ / _____ / _____

NB D'HEURES : _____

DIMENSION : _____

PRIX : _____ €

CROQUIS :

MATÉRIEL & FORME

FORMES	QTÉ	BANDES NÉCESSAIRES			AUTRES ACCESSOIRES
		COULEUR	LARGEUR	RÉFÉRENCE	

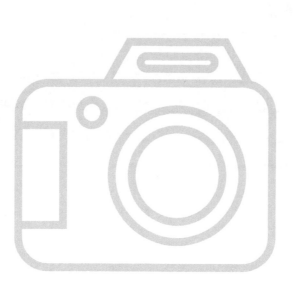

NIVEAU DE DIFFICULTÉ

DÉBUTANT (1)(2)(3)(4)(5)(6)(7)(8)(9)(10) DIFFICILE

OBSERVATIONS

Projet N°: ----------

NOM DU PROJET : _____

DATE DE DÉBUT : _____ / _____ / _____

DATE DE FIN : _____ / _____ / _____

NB D'HEURES : _____

DIMENSION : _____

PRIX : _____ **€**

CROQUIS :

MATÉRIEL & FORME		BANDES NÉCESSAIRES			AUTRES ACCESSOIRES
FORMES	QTÉ	COULEUR	LARGEUR	RÉFÉRENCE	

NIVEAU DE DIFFICULTÉ

DÉBUTANT ①②③④⑤⑥⑦⑧⑨⑩ DIFFICILE

OBSERVATIONS

Projet N°: ----------

NOM DU PROJET : _____

DATE DE DÉBUT : _____ / _____ / _____

DATE DE FIN : _____ / _____ / _____

NB D'HEURES : _____

DIMENSION : _____

PRIX : _____ €

CROQUIS :

MATÉRIEL & FORME

FORMES	QTÉ	BANDES NÉCESSAIRES			AUTRES ACCESSOIRES
		COULEUR	LARGEUR	RÉFÉRENCE	

NIVEAU DE DIFFICULTÉ

DÉBUTANT (1) (2) (3) (4) (5) (6) (7) (8) (9) (10) DIFFICILE

OBSERVATIONS

Projet N°: _____

NOM DU PROJET : _____

DATE DE DÉBUT : _____ / _____ / _____

DATE DE FIN : _____ / _____ / _____

NB D'HEURES : _____

DIMENSION : _____

PRIX : _____ €

CROQUIS :

MATÉRIEL & FORME		BANDES NÉCESSAIRES			AUTRES ACCESSOIRES
FORMES	QTÉ	COULEUR	LARGEUR	RÉFÉRENCE	

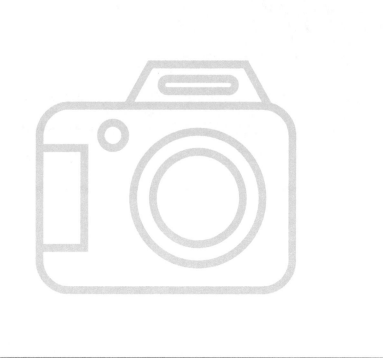

NIVEAU DE DIFFICULTÉ

DÉBUTANT (1)(2)(3)(4)(5)(6)(7)(8)(9)(10) DIFFICILE

OBSERVATIONS

....

....

....

....

....

....

....

Projet N°: ----------

NOM DU PROJET : _____

DATE DE DÉBUT : _____ / _____ / _____

DATE DE FIN : _____ / _____ / _____

NB D'HEURES : _____

DIMENSION : _____

PRIX : _____ €

CROQUIS :

MATÉRIEL & FORME

FORMES	QTÉ	BANDES NÉCESSAIRES			AUTRES ACCESSOIRES
		COULEUR	LARGEUR	RÉFÉRENCE	

NIVEAU DE DIFFICULTÉ

DÉBUTANT (1)(2)(3)(4)(5)(6)(7)(8)(9)(10) DIFFICILE

OBSERVATIONS

Projet N°: ___ ____

NOM DU PROJET : _____

DATE DE DÉBUT : _____ / _____ / _____

DATE DE FIN : _____ / _____ / _____

NB D'HEURES : _____

DIMENSION : _____

PRIX : _____ €

CROQUIS :

MATÉRIEL & FORME		BANDES NÉCESSAIRES			AUTRES ACCESSOIRES
FORMES	QTÉ	COULEUR	LARGEUR	RÉFÉRENCE	

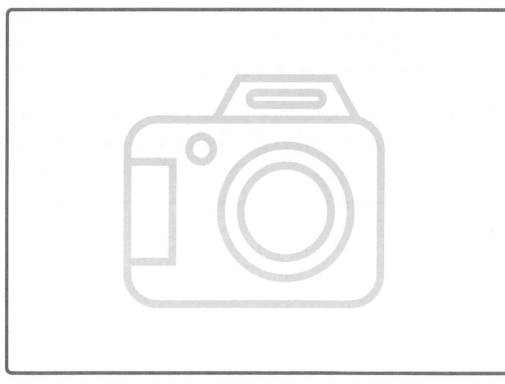

NIVEAU DE DIFFICULTÉ

DÉBUTANT ① ② ③ ④ ⑤ ⑥ ⑦ ⑧ ⑨ ⑩ DIFFICILE

OBSERVATIONS

Projet N°: --------

NOM DU PROJET : _____

DATE DE DÉBUT : _____ / _____ / _____

DATE DE FIN : _____ / _____ / _____

NB D'HEURES : _____

DIMENSION : _____

PRIX : _____ €

CROQUIS :

MATÉRIEL & FORME

FORMES	OTÉ	BANDES NÉCESSAIRES			AUTRES ACCESSOIRES
		COULEUR	LARGEUR	RÉFÉRENCE	

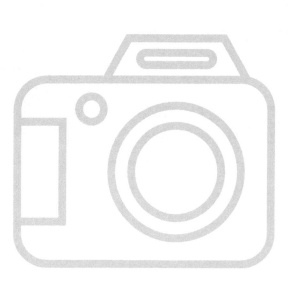

NIVEAU DE DIFFICULTÉ

DÉBUTANT (1)(2)(3)(4)(5)(6)(7)(8)(9)(10) DIFFICILE

OBSERVATIONS

Projet N°: _____ _____

NOM DU PROJET : _____

DATE DE DÉBUT : _____ / _____ / _____

DATE DE FIN : _____ / _____ / _____

NB D'HEURES : _____

DIMENSION : _____

PRIX : _____ €

CROQUIS :

MATÉRIEL & FORME

FORMES	QTÉ	BANDES NÉCESSAIRES			AUTRES ACCESSOIRES
		COULEUR	LARGEUR	RÉFÉRENCE	

NIVEAU DE DIFFICULTÉ

DÉBUTANT ① ② ③ ④ ⑤ ⑥ ⑦ ⑧ ⑨ ⑩ DIFFICILE

OBSERVATIONS

Projet N°: - - - - - - - -

NOM DU PROJET : _____

DATE DE DÉBUT : _____ / _____ / _____

DATE DE FIN : _____ / _____ / _____

NB D'HEURES : _____

DIMENSION : _____

PRIX : _____ €

CROQUIS :

MATÉRIEL & FORME		BANDES NÉCESSAIRES			AUTRES ACCESSOIRES
FORMES	QTÉ	COULEUR	LARGEUR	RÉFÉRENCE	

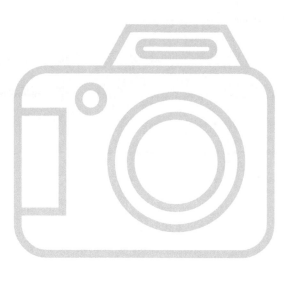

NIVEAU DE DIFFICULTÉ

DÉBUTANT ① ② ③ ④ ⑤ ⑥ ⑦ ⑧ ⑨ ⑩ DIFFICILE

OBSERVATIONS

Projet N° : ----------

NOM DU PROJET : _____

DATE DE DÉBUT : _____ / _____ / _____

DATE DE FIN : _____ / _____ / _____

NB D'HEURES : _____

DIMENSION : _____

PRIX : _____ €

CROQUIS :

MATÉRIEL & FORME		BANDES NÉCESSAIRES			AUTRES ACCESSOIRES
FORMES	QTÉ	COULEUR	LARGEUR	RÉFÉRENCE	

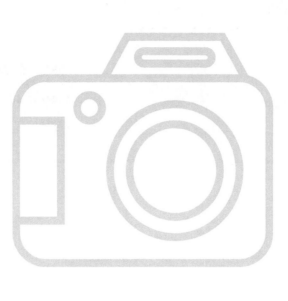

NIVEAU DE DIFFICULTÉ

DÉBUTANT (1)(2)(3)(4)(5)(6)(7)(8)(9)(10) DIFFICILE

OBSERVATIONS

Projet N°: ----------

NOM DU PROJET : _____

DATE DE DÉBUT : _____ / _____ / _____

DATE DE FIN : _____ / _____ / _____

NB D'HEURES : _____

DIMENSION : _____

PRIX : _____ €

CROQUIS :

MATÉRIEL & FORME

FORMES	QTÉ	BANDES NÉCESSAIRES			AUTRES ACCESSOIRES
		COULEUR	LARGEUR	RÉFÉRENCE	

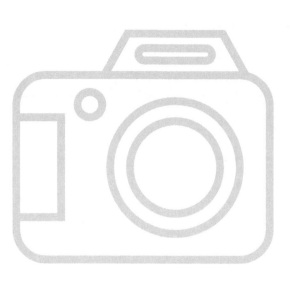

NIVEAU DE DIFFICULTÉ

DÉBUTANT (1)(2)(3)(4)(5)(6)(7)(8)(9)(10) DIFFICILE

OBSERVATIONS

Projet N°: _____

NOM DU PROJET : _____

DATE DE DÉBUT : _____ / _____ / _____

DATE DE FIN : _____ / _____ / _____

NB D'HEURES : _____

DIMENSION : _____

PRIX : _____ €

CROQUIS :

MATÉRIEL & FORME

FORMES	QTÉ	BANDES NÉCESSAIRES			AUTRES ACCESSOIRES
		COULEUR	LARGEUR	RÉFÉRENCE	

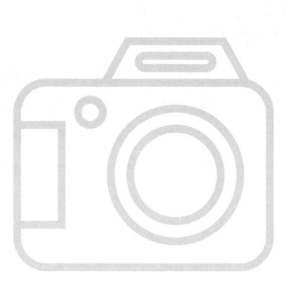

NIVEAU DE DIFFICULTÉ

DÉBUTANT ① ② ③ ④ ⑤ ⑥ ⑦ ⑧ ⑨ ⑩ DIFFICILE

OBSERVATIONS

Projet N°: _____

NOM DU PROJET : _____

DATE DE DÉBUT : _____ / _____ / _____

DATE DE FIN : _____ / _____ / _____

NB D'HEURES : _____

DIMENSION : _____

PRIX : _____ €

CROQUIS :

MATÉRIEL & FORME

FORMES	QTÉ	BANDES NÉCESSAIRES			AUTRES ACCESSOIRES
		COULEUR	LARGEUR	RÉFÉRENCE	

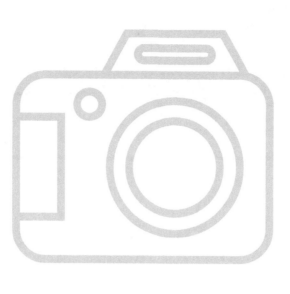

NIVEAU DE DIFFICULTÉ

DÉBUTANT ①②③④⑤⑥⑦⑧⑨⑩ DIFFICILE

OBSERVATIONS

Projet N° : ----------

NOM DU PROJET : _____

DATE DE DÉBUT : _____ / _____ / _____

DATE DE FIN : _____ / _____ / _____

NB D'HEURES : _____

DIMENSION : _____

PRIX : _____ €

CROQUIS :

MATÉRIEL & FORME

FORMES	QTÉ	BANDES NÉCESSAIRES			AUTRES ACCESSOIRES
		COULEUR	LARGEUR	RÉFÉRENCE	

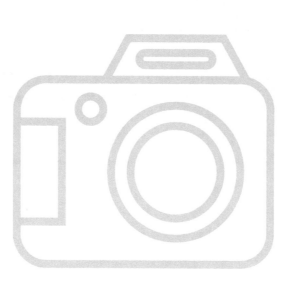

NIVEAU DE DIFFICULTÉ

DÉBUTANT ① ② ③ ④ ⑤ ⑥ ⑦ ⑧ ⑨ ⑩ DIFFICILE

OBSERVATIONS

Printed in France by Amazon
Brétigny-sur-Orge, FR

20337687R00060